51

태양신의 아들, 파에톤

주니어RHK

신화의 가치

신화는 한 민족의 기원이나 역사적 · 종교적 · 문화적 삶의 모습을 보여 주는 옛이야기입니다. 주로 신과 영웅에 관한 이야기가 많고, 오랫동안 입에서 입으로 전해 내려왔다는 특징이 있지요.

우리가 살펴볼 그리스 로마 신화는 고대 그리스와 로마에 전해 오는 신화와 전설을 한데 묶은 것입니다. 그리스 로마 신화는 고대의 삶을 엿보게 해 주는 문화유산일 뿐만 아니라, 세계 여러 나라의 문학과 미술에 큰 영향을 끼쳤습니다. 하지만 문화적 가치만큼이나 중요한 것이 또 있습니다. 오래된 옛이야기이면서도 거기에 담긴 교훈적 가치가 오늘날에도 여전히 쓸모 있고 중요하다는 사실입니다.

놀랍지 않나요? 수천 년 전의 이야기가 어떻게 과학 문명이 고도로 발달한 오늘날에도 통하는 것일까요? 그것은 바로 그리스 로마 신화에 나오는 신과 영웅의 모습이 오늘날 우리의 모습과 다르지 않기 때문입니다. 신들도 우리처럼 분노하고, 질투하고, 실수를 하지요. 그런 모습을 보면서 우리는 깔깔 웃거나 눈물을 흘리고, 교훈과 감동을 얻습니다. 우리가 그리스 로마 신화를 읽어야 하는 까닭이 바로 이것입니다.

신화의 세계로 떠날 여러분에게 한마디 덧붙이자면, 신화는 우리에게 끝없는 상상력을 요구한다는 점입니다. 신화 속에는 수많은 은유와 상징이 곳곳에 널려 있지요. 따라서 신화를 읽을 때에는 상상력을 최대한 발휘하여 신화 속에 숨겨진 의미를 찾고, 그것을 자기 나름대로 재해석하는 과정이 필요합니다. 이렇게 읽었을 때에야 비로소 여러분 앞에 놀라운 삶의 이야기가 펼쳐질 것입니다.

자, 그럼 흥미진진한 신화의 세계 속으로 함께 떠나 볼까요?

'빛나는 사람'이라는 이름을 가진 파에톤.

파에톤은 이름 때문에 친구들로부터 놀림을 받습니다.

그러던 어느 날, 파에톤의 어머니 클리메네는

파에톤에게 아버지가 누구인지 말해 줍니다.

파에톤은 온갖 고생을 마다하지 않고 아버지를 찾아 떠납니다.

과연 파에톤의 아버지는 누구일까요?

그리고 파에톤에게는 앞으로 어떤 일이 벌어질까요?

주요 등장인물

⚜ 모이라이 자매 ⚜

세 자매로 운명의 여신이에요.
사람들의 수명을 주관해요.

⚜ 헬리오스 ⚜

티탄 족 히페리온과 테이아의 아들로
올림포스의 신들보다 오래된 신이에요.
태양신으로서 매일 아침마다
불꽃에 싸인 말이 끄는 마차를 타고
하늘을 가로지르며 세상에 빛을 비추어요.

⚜ 파에톤 ⚜

태양신 헬리오스의 아들이에요.
아버지가 누구인지 모른 채
어머니 클리메네의 손에서 자라요.
나중에 아버지를 찾아가서 태양 마차를
하루 동안 끌게 해 달라고 빌어요.

⚜ 클리메네 ⚜

헬리오스와의 사이에서
파에톤과 파에톤의 누이들을 낳았어요.
파에톤이 어느 정도 크고 나서,
출생의 비밀과 헬리오스의
궁전 위치를 알려 주어요.

1
태양신의 아들, 파에톤

"어머니, 친구들이 제 이름을 가지고 놀려요.
제 이름이 '빛나는 사람'이란 뜻인가요?
왜 제 이름을 그렇게 지어 주셨어요?"
"그건 바로 네가 태양신의 아들이기 때문이지.
네 아버지는 태양신 헬리오스 님이야."

파에톤이 친구들과 마을 언덕에 모여 나무판자를 타며 놀 때였습니다. 길을 지나던 늙은이가 환한 *낯빛에 황금빛 머릿결을 지닌 파에톤을 유심히 지켜보았습니다. 그러더니 파에톤에게 다가와 이름을 물었습니다.

"네 이름이 무엇이냐?"

"파에톤이라고 합니다."

"파에톤이라……. 멋진 이름이구나. 너는 그 이름의 뜻이 무엇인지 알고 있느냐?"

늙은이는 파에톤에게 눈길이 가는 이유를 알 것 같았습니다.

*낯빛 얼굴의 빛깔이나 기색.

“아뇨. 저는 모르는데요.”

“그 이름은 ‘빛나는 사람’이라는 뜻이다. 아무한테나 어울리는 이름이 아니지. 꼭 이름에 걸맞는 훌륭한 사람이 되어라.”

늙은이는 파에톤의 어깨를 토닥이고는 길을 떠났습니다.

옆에서 이야기를 듣고 있던 친구들은 파에톤을 놀리기 시작했습니다.

"파에톤, 네 이름이 '빛나는 사람'이라는 뜻이라고?"

"어쩌자고 너희 어머니는 그런 이름을 너한테 지어 주신 거니?"

"내 이름이 뭐가 어떻다는 거야?"

"'빛나는 사람'이라니, 누가 네 이름을 들으면 태양신의 아들이라도 되는 줄 알겠다! 네가 태양신의 아들이라니, 말도 안 되잖아! 하하하."

친구들은 모두 소리 내어 웃었습니다.

파에톤은 화가 나서 소리쳤습니다.

"너희, 웃지 마!"

파에톤은 씩씩대며 집으로 돌아갔습니다.

파에톤은 집에 들어서자마자 어머니 클리메네에게 달려가 안겼습니다.

"제 이름이 '빛나는 사람'이란 뜻인가요?"

클리메네는 파에톤의 머리를 쓰다듬으며 말했습니다.

"파에톤, 이제 너도 알아야 할 때가 온 것 같구나. 그 이름을 지은 사람은 내가 아니란다. 네 아버지가 지어 주셨단다."

"그럼, 아버지는 왜 그렇게 지으셨을까요?"

"그건 바로 네가 태양신의 아들이기 때문이지. 네 아버지는 태양신 헬리오스 님이야."

파에톤은 믿을 수 없다는 표정으로 물었습니다.

"정말인가요, 어머니? 정말 제가 태양신 헬리오스 님의 아들인가요?"

태양신 헬리오스

〈헬리오스〉 안톤 라파엘 멩스

'태양'이라는 뜻의 헬리오스는 아폴론과 같은 다른 태양신들과는 구분되는 신이에요. 헬리오스는 티탄 족 히페리온과 테이아의 아들로, 새벽을 뜻하는 에오스와 달을 뜻하는 셀레네와는 남매 사이지요. 티탄 족에 속하기 때문에 올림포스의 신들보다 오래된 신이랍니다. 헬리오스를 표현한 글이나 그림을 보면 대단히 젊고 아름다운 외모를 지닌 것으로 그려져요. 헬리오스의 얼굴에서는 태양처럼 환한 빛이 나고 머리카락은 마치 황금처럼 반짝인다고 해요.

"그렇단다. 그동안 말해 주지 않아서 미안하구나. 하지만 넌 진짜 태양신의 아들이란다. 밤이 지나고 새벽에서 아침이 될 때, 환하게 세상을 비추는 분이 바로 너의 아버지란다. 태양이 없는 세상을 생각해 본 적 있니? 태양은 *만물을 자라게 하는 생명의 빛이란다. 그러니 너도 아버지처럼 세상에 꼭 필요한 사람이 되기 위해 열심히 살아야 한다. '빛나는 사람'이라는 이름에 어울리도록 말이야."

파에톤은 어머니의 말을 듣고 놀라 머릿속이 새하얘졌습니다.

'내가 정말 태양신의 아들이라니…….'

*만물 세상에 있는 모든 것.

다음 날, 파에톤은 아침 일찍부터 친구들이 모여 있는 곳으로 갔습니다. 그리고 가슴을 활짝 펴고 당당하게 말했습니다.

“야! 너희, 내가 누군지 알아? 내가 바로 태양신의 아들 파에톤이야!”

“뭐라고? 말도 안 되는 소리 하지 마!”

친구들은 파에톤의 말을 믿으려고 하지 않았습니다.

"네가 태양신의 아들이면 난 제우스 님의 아들이다! 어제 우리가 널 놀렸다고 이제는 그런 *허풍을 떠는 거야?"

"아니야. 정말이라고. 나의 아버지는 태양신 헬리오스 님이라고 어머니가 말씀해 주셨단 말이야."

파에톤은 친구들이 자신의 말을 믿지 않자 화가 났습니다.

"네가 정말 태양신 헬리오스 님의 아들이라면 우리에게 증거를 보여 줘. 네 이름 말고는

*허풍 실제보다 지나치게 부풀려 믿음성이 없는 말이나 행동.

증거가 하나도 없잖아."

사실 파에톤도 어머니가 해 준 이야기 말고는 분명하게 보여 줄 수 있는 증거가 없었습니다. 파에톤은 분했지만 아무 말도 못하고 집으로 돌아와야 했습니다.

'이 녀석들, 내가 너희에게 꼭 증거를 보여 주겠어.'

파에톤은 주먹을 쥐고 다짐을 했습니다.

“어머니, 아이들이 제 말을 믿지 않아요. 제가 정말 헬리오스 님의 아들이라면 증거를 가지고 오래요. 그러면 믿어 주겠다고요.”

“파에톤, 친구들의 말이 뭐가 중요하니? 너는 틀림없는 태양신 헬리오스 님의 아들이야. 그 사실을 가슴속에 깊이 *간직하고 살면 되지.”

파에톤은 그 말이 조금도 위로가 되지 않았습니다.

*간직하다 생각이나 기억 따위를 마음속에 깊이 새겨 두다.

"아니에요, 어머니. 다른 사람들이 아무도 믿어 주지 않는다면 그게 무슨 소용이 있겠어요? 저는 다른 사람들에게 제가 태양신의 아들이라는 것을 밝히겠어요."

"무슨 수로 네가 태양신의 아들이라는 것을 증명하겠다는 거니?"

클리메네는 파에톤이 무슨 생각을 하는지 모르겠어서 다시 물었습니다. 그러자 파에톤이 대답했습니다.

"아버지는 황금 궁전에 계시지요? 태양신은 거기 있다고 들었어요. 제가 그곳에 가서 누구나 믿을 만한 증거를 가져오겠어요."

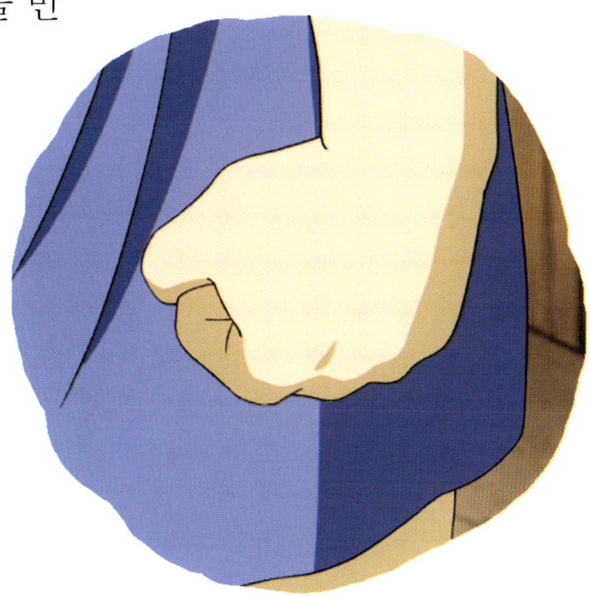

"뭐라고? 얘야, 네가 거기가 어딘 줄 알고 가겠다는 거니?"

클리메네는 아버지가 계신 황금 궁전을 찾아가겠다는 파에톤의 말에 깜짝 놀랐습니다.

"저는 아버지를 만나서 제가 태양신의 아들이라는 것을 다른 사람들이 알 수 있도록 *증표를 달라고 하겠어요."

"안 돼. 그곳은 네가 가기에는 너무 멀고 위험해."

"어머니, 제발 궁전이 어디에 있는지만 알려 주세요. 아무리 멀리 있더라도 찾아갈 거예요. 더 이상 친구들한테 놀림 당하고 싶지 않아요."

클리메네는 파에톤을 말려 보려고 했지만, 파에톤의 뜻을 꺾을 수 없다는 것을 알았습니다.

"파에톤, 너를 말려도 소용없을 것 같구나. 헬리오스의 궁전은 태양이 떠오르는 동쪽 끝으로 가면 있단다. 부디 조심히 다녀와야 해."

"네, 어머니. 걱정 마세요. 전 태양신의 아들, 파에톤이에요."

클리메네는 아들을 꼭 끌어안으며 역시 헬리오스의 아들답다고 생각했습니다.

*증표 증명이나 증거가 될 만한 표.

2
헬리오스의 황금 궁전

황금 벽에 새하얀 상아 지붕으로 덮인 태양신의 궁전은
그야말로 태양처럼 빛이 났습니다.
파에톤은 루비로 꾸며진 화려한 문을 힘껏 열었습니다.
헬리오스의 궁전은 이루 말할 수 없이 화려했습니다.

날이 밝아 오자, 파에톤은 헬리오스의 궁전을 찾아 길을 나섰습니다. 클리메네와 두 누이가 파에톤을 배웅했습니다.

"몸 건강히 잘 다녀오너라, 파에톤."

"예, 어머니. 기다려 주세요. 꼭 아버지를 만나고 돌아올게요."

파에톤은 여행에 대한 걱정보다는 반드시 아버지를 만나서 친구들에게 보여 줄 증거를 가져와야 한다는 생각뿐이었습니다.

마을 입구에는 파에톤의 친구들이 모여 놀고 있었습니다.

"태양신의 아들께서 아침 일찍부터 어디를 가시나요? 아버지를 대신해 태양 마차라도 끌러 가시나요?"

친구들은 파에톤에게 짓궂은 농담을 던졌습니다. 그렇지만 파에톤은 한마디도 대꾸하지 않고 곧장 걸어갔습니다.

'조금만 기다려라. 내가 증거를 가져와서 너희의 코를 납작하게 해 줄 테니.'

파에톤은 헬리오스의 궁전이 있다는 동쪽을 향해 걷고 또 걸었습니다. 하지만 그렇게 몇 날 며칠을 걸어도 헬리오스의 궁전은 나타나지 않았습니다.

'도대체 얼마나 더 가야 아버지의 궁전이 나오는 것일까?'

파에톤은 지칠 대로 지쳤지만 아버지를 만나야 한다는 생각으로 열심히 걸었습니다. 파에톤은 아침마다 떠오르는 태양을 보면서, 자신이 점점 태양과 가까워진다고 생각하며 용기를 얻었습니다.

그날도 파에톤은 아침부터 힘차게 길을 나섰습니다. 그런데 저 먼 산 위에서 지금까지 한 번도 보지 못한 강렬한 빛이 비쳤습니다.

좀 더 다가가자, 파에톤은 그곳이 아버지 헬리오스의 궁전임을 알았습니다. 파에톤은 있는 힘을 다해 그곳으로 달려갔습니다.

'태양신의 궁전이 틀림없어. 이제 아버지를 만날 수 있겠구나.'

파에톤은 험한 오르막길을 가까스로 기어올라 궁전에 다다를 수 있었습니다. 황금 벽에 새하얀 상아 지붕이 덮인 태양신의 궁전은 그야말로 태양처럼 빛이 났습니다.

파에톤은 루비로 꾸며진 화려한 문을 힘껏 열었습니다. 헬리오스의 궁전은 이루 말할 수 없이 화려했습니다. 파에톤은 그 화려함에 제대로 눈조차 뜨지 못했습니다.

궁전에는 계절을 담당하는 네 여신이 모여 있었습니다. 봄의 신은 머리에 아름다운 *화관을 쓰고 있었고, 여름의 신은 가벼운 옷차림으로 탐스럽게 익은 과일과 곡식으로 된 화관을 쓰고 있었습니다. 그리고 가을의 신은 방금 포도주를 담그다 온 것처럼 발에

태양과 황금

아주 오랜 옛날부터 사람들은 태양을 절대적으로 믿고 섬겼어요. 태양 때문에 만물이 생명을 얻는다고 생각했기 때문에 태양을 생명의 근원으로 보고 섬긴 것이지요. 또한, 태양 빛과 닮은 '황금'을 태양과 동일시하며 소중히 여겼어요. 역사상 황금이 가장 넘쳐난 국가는 고대 이집트인데, 이집트에서는 태양신 '라'를 최고의 신으로 모시며 그들의 왕 파라오를 태양신과 동등하게 여겼어요. 그래서 왕의 말은 무조건 따르도록 했지요. 파라오는 궁전을 황금으로 꾸몄고, 이집트의 백성들도 황금으로 된 장신구로 몸을 화려하게 꾸몄답니다. 이처럼 태양과 황금은 서로 관련이 있었답니다.

*화관 머리에 쓰는 아름답게 장식한 관.

포도즙을 묻히고 있었습니다. 겨울의 신은 마치 한겨울인 것처럼 머리카락에 하얀 서리가 내려앉아 있었습니다. 그중 봄의 신이 파에톤을 보며 물었습니다.

"어머, 꼬마야. 이곳은 아무나 들어올 수 있는 곳이 아니란다."

"전 아무나가 아니에요. 저는 헬리오스 님의 아들 파에톤이랍니다."

"뭐라고? 네가 헬리오스 님의 아들이라고?"

계절의 여신들이 놀라 수군댈 때, 헬리오스가 사방으로 환한 빛을 뿜으며 나타났습니다. 헬리오스의 곁에는 날(日)의 신, 월(月)의 신, 연(年)의 신이 서 있고, 그 사이에는 때(時)의 신이 서 있었습니다. 파에톤은 헬리오스가 내뿜는 강한 빛에 눈을 질끈 감았습니다.

"헬리오스 님, 이 꼬마가 헬리오스 님의 아들이라고 합니다."

"뭐라고? 이 아이가 내 아들이라고? 네 이름이 무엇이냐?"

"파에톤입니다."

파에톤은 눈이 부신 것을 참고 헬리오스를 보려고 가느다랗게 실눈을 뜨며 대답했습니다.

"파에톤이라면 빛나는 사람이라는 뜻인데, 이름만 보면 내 아들이 맞구나. 하지만 그것 말고는 네가 내 아들이라는 증거가 없지 않느냐."

태양신 헬리오스와 파에톤

〈아폴론과 파에톤〉 조반니 마노찌

태양신 헬리오스와 파에톤이 이야기를 나누는 모습이에요. 그림 제목은 아폴론과 파에톤으로 되어 있지만, 파에톤의 아버지이자 태양 마차를 끄는 태양신은 헬리오스이지요. 아폴론도 태양의 신이기 때문에 종종 파에톤의 아버지로 아폴론이 그려지기도 해요. 하지만 헬리오스는 '태양' 그 자체로서 아폴론보다 더 오래된 신이랍니다. 앳된 파에톤의 순진한 얼굴과 머리에서 빛을 내뿜는 태양신이 마주보며 이야기를 나누는 모습이 매우 다정해 보여요.

헬리오스의 말에 파에톤은 당황했지만, 침착하게 말을 이어 나갔습니다.

"저의 어머니의 이름은 클리메네이고, 어머니께서 분명히 저의 아버지가 태양신 헬리오스 님이라고 말씀해 주셨습니다."

"그렇지만 너의 말만 믿고 내가 어찌 너를 아들이라고 여길 수 있겠느냐?"

헬리오스는 고개를 갸웃하더니 잠시 생각에 잠겼습니다. 그러더니 얼마 뒤 입을 열었습니다.

"파에톤, 네가 나의 아들이라는 것을 증명할 방법이 하나 있다. 그렇지만 네가 그 일을 해내기는 어려울 거야."

"그게 무엇인가요? 제가 아버지의 아들이란 것을 증명할 수 있다면 무슨 일이든 하겠어요. 그 먼 길도 찾아온 걸요."

파에톤은 망설이지 않고 씩씩하게 대답했습니다.

'음, 이런 용기가 있는 아이라면 내 아들이 맞는 것 같기도 하군.'

비록 나이는 어리지만 당차고 용기 있는 파에톤의 모습에 헬리오스는 *대견함을 느꼈습니다.

*대견함 흐뭇하고 자랑스러움.

3
운명의 여신들

파에톤은 망설이지 않고 대답했습니다.

"저는 저의 과거를 보고 싶습니다.

제가 태어날 때의 순간을 보여 주세요."

"파에톤, 지금부터 내가 하는 말을 잘 들어라."

파에톤은 눈을 반짝이며 헬리오스의 이야기에 귀를 기울였습니다.

"이 궁전에서 조금 떨어진 곳에 숲이 하나 있다. 그 숲에서 노랫소리를 따라가면 운명의 세 여신이 있을 것이다. 첫 번째 여신은 인간의 운명의 실을 뽑고 있고, 두 번째 여신은 인간의 *수명만큼 실을 감고 있단다. 그리고 마지막 여신은 인간이 삶을 마치는 때에 맞추어 실을 잘라 내지. 너는 세 여신들 가운데 두 번째 여신을 도와주어야 해. 그러면 그 여신은 네가 원하는 것을 줄 것이다. 할 수 있겠느냐?"

"예, 걱정 마세요. 반드시 제가 헬리오스 님의 아들이란 것을 증명하고 돌아오겠습니다."

파에톤은 헬리오스가 알려 준 숲으로 발걸음을 옮겼습니다.

*수명 생물이 살아 있는 연한.

운명의 세 여신, 모이라이 자매

〈모이라이〉 일 소도마

헬리오스가 말한 운명의 세 여신은 모이라이 자매들을 말해요. '모이라이'는 '각자 받은 몫'이라는 뜻을 가진 '모이라'의 복수형이에요. 이 여신들은 인간의 목숨을 책임지고 있는데, 여신들이 가지고 있는 실이 바로 인간의 목숨을 뜻해요. 그림에서 가운데에 있는 여신이 '되돌릴 수 없는 여자'라는 뜻의 아트로포스예요. 아트로포스는 가위로 막 생명의 실을 자르려 하고 있어요. 실이 잘리면 바로 누군가의 목숨이 끊어지는 것이랍니다.

헬리오스가 말한 숲은 무섭도록 조용했습니다. 사람이라곤 보이지 않아 으스스한 느낌마저 들었습니다. 파에톤은 작은 다람쥐가 지나가는 소리에도 깜짝 놀라 소리를 지를 뻔했습니다.

'어휴, 깜짝이야. 빨리 세 여신을 찾아야 할 텐데…….'

파에톤은 무서운 생각을 떨치려고 더욱 빨리 걸었습니다. 그때, 어디선가 희미한 노랫소리가 들려왔습니다. 파에톤은 소리가 들리는 쪽으로 조심스럽게 다가갔습니다.

그곳에는 정말로 운명의 세 여신이 노래를 부르며, 운명의 실을

가지고 각자 *분주하게 일을 하고 있었습니다.

'저기 실을 감고 있는 여신이 바로 헬리오스 님이 말한 두 번째 여신이로군. 어떻게 하면 저 여신을 도울 수 있을까?'

파에톤은 *먼발치에서 두 번째 여신을 가만히 지켜보았습니다.

*분주하다 이리저리 바쁘고 시끄러워 정신이 없다.
*먼발치 조금 멀리 떨어진 곳.

“네가 누구인진 모르겠지만 빨리 실을 풀어야 하니 이쪽을 좀 잡아 주겠니?”

파에톤이 엉킨 실의 한쪽을 잡자, 두 번째 여신은 실을 풀어 다시 감았습니다.

“고맙구나. 나를 도와주었으니 네가 보고 싶은 너의 운명을 말해 보렴. 과거와 현재, 미래 가운데 네가 보고 싶은 순간을 보여 주겠다.”

파에톤은 망설이지 않고 대답했습니다.

가지고 각자 *분주하게 일을 하고 있었습니다.

'저기 실을 감고 있는 여신이 바로 헬리오스 님이 말한 두 번째 여신이로군. 어떻게 하면 저 여신을 도울 수 있을까?'

파에톤은 *먼발치에서 두 번째 여신을 가만히 지켜보았습니다.

*분주하다 이리저리 바쁘고 시끄러워 정신이 없다.
*먼발치 조금 멀리 떨어진 곳.

그때 갑자기 두 번째 여신이 감고 있던 실이 엉켰는지 울상을 지었습니다.

"어머, 이 일을 어쩌지?"

파에톤은 이때다 싶어 성큼성큼 두 번째 여신에게 다가갔습니다.

"제가 도와드릴까요?"

"넌 누군데 여기 있는 것이냐?"

모이라이 자매는 갑자기 나타난 낯선 아이를 무서운 눈빛으로 바라보았습니다.

"저는 파에톤이라고 합니다. 우연히 숲을 지나다가 여신께서

어려움에 처하신 것 같아 도와드리려고 한 것뿐입니다."

파에톤은 모이라이 자매가 무서웠지만, 꿋꿋이 두 번째 여신 앞으로 다가가 엉킨 실을 풀려고 *안간힘을 썼습니다. 그런 파에톤의 모습을 보고 마음이 놓인 두 번째 여신은 파에톤에게 도움을 청했습니다.

*안간힘 어떤 일을 이루기 위해서 몹시 애쓰는 힘.

“네가 누구인진 모르겠지만 빨리 실을 풀어야 하니 이쪽을 좀 잡아 주겠니?”

파에톤이 엉킨 실의 한쪽을 잡자, 두 번째 여신은 실을 풀어 다시 감았습니다.

“고맙구나. 나를 도와주었으니 네가 보고 싶은 너의 운명을 말해 보렴. 과거와 현재, 미래 가운데 네가 보고 싶은 순간을 보여 주겠다.”

파에톤은 망설이지 않고 대답했습니다.

“저는 저의 과거를 보고 싶습니다. 제가 태어날 때의 순간을 보여 주세요.”

두 번째 여신은 고개를 끄덕이며 감고 있던 실 한 가닥을 파에톤에게 내밀었습니다.

“이 실을 잡고 눈을 감아 보거라.”

파에톤이 실을 잡고 눈을 감자 눈앞에 밝은 빛과 함께 어머니 클리메네의 모습이 보였습니다.

클리메네는 갓난아이를 안고 있고, 옆에는 헬리오스가 서 있었습니다. 클리메네가 헬리오스에게 말하는 소리가 들렸습니다.

"헬리오스 님, 이 아기는 헬리오스 님의 아이예요. 헬리오스 님께서 이름을 지어 주세요."

"태양신 헬리오스의 아들이니, '빛나는 사람'이라는 뜻에서 파에톤이라고 부릅시다."

"정말 멋진 이름이군요. 헬리오스 님, 파에톤도 자기가 태양신의 아들이란 걸 알게 된다면 얼마나 자랑스러워할까요?"

클리메네는 파에톤을 사랑이 담긴 눈길로 바라보았습니다.

"클리메네, 곁에 있어 주지 못해 미안하오. 내가 하루라도 일을 나가지 않으면 세상엔 빛이 없어지고 어둠과 *혼돈이 있을 뿐이니 부디 파에톤을 잘 부탁하오."

헬리오스의 임무

헬리오스의 일은 그야말로 태양의 일이에요. 새벽 무렵 황금 마차를 몰고 동쪽의 커다란 바다인 오케아노스에서 솟아올라 하늘을 돌고 저녁 무렵에는 서쪽의 바다로 가라앉지요. 헬리오스가 길을 나서지 않으면 태양은 떠오르지 않고 온 세상은 칠흑 같은 어둠과 매서운 추위에 휩싸이게 돼요. 식물과 동물은 자랄 수 없고 인간도 살아가지 못 하지요. 그래서 헬리오스는 클리메네와 파에톤 곁을 지킬 수 없었답니다.

*혼돈 마구 뒤섞여 갈피를 잡을 수 없음. 또는 그런 상태.

"아버지!"

파에톤은 저도 모르게 그만 아버지라고 외쳤습니다. 그 순간 밝은 빛은 사라지고 눈앞에 펼쳐졌던 클리메네와 헬리오스의 모습도 사라졌습니다. 파에톤은 자신이 헬리오스의 아들이라는 사실을 직접 눈으로 보게 되자 가슴이 벅차올랐습니다.

"이것이 네가 보고 싶어 한 과거다. 무슨 까닭으로 과거가 궁금했는지 모르지만 네가 바라던 모습이었기를 바란다."

"예, 여신님. 정말로 감사합니다. 제가 이 모습을 보기 위해 지난 몇 달간을 쉬지 않고 걸어왔습니다."

파에톤은 운명의 여신 덕분에 모든 것이 분명해졌다고 생각하고, 몇 번이나 허리를 숙여 인사를 했습니다.

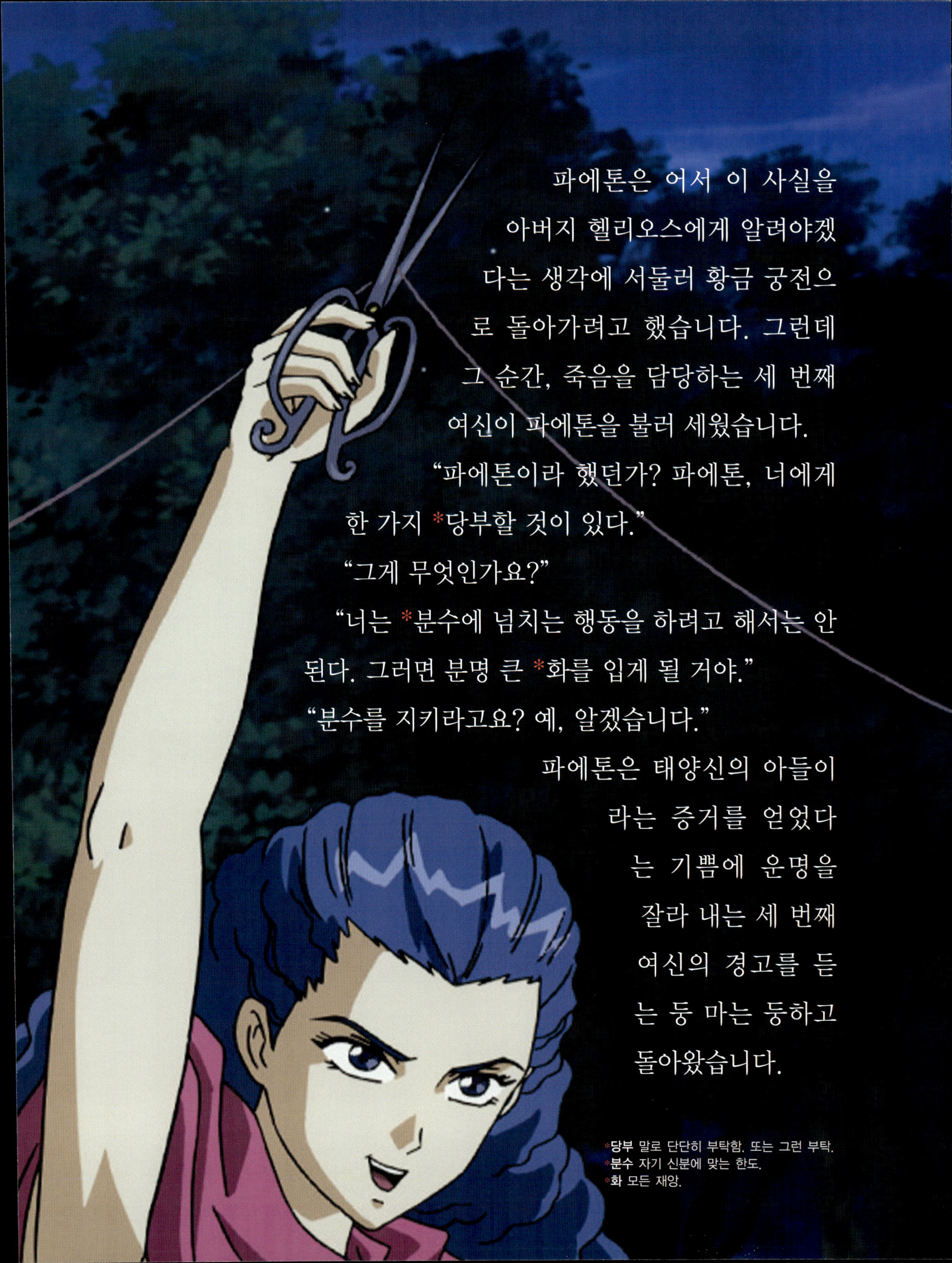

파에톤은 어서 이 사실을 아버지 헬리오스에게 알려야겠다는 생각에 서둘러 황금 궁전으로 돌아가려고 했습니다. 그런데 그 순간, 죽음을 담당하는 세 번째 여신이 파에톤을 불러 세웠습니다.

"파에톤이라 했던가? 파에톤, 너에게 한 가지 *당부할 것이 있다."

"그게 무엇인가요?"

"너는 *분수에 넘치는 행동을 하려고 해서는 안 된다. 그러면 분명 큰 *화를 입게 될 거야."

"분수를 지키라고요? 예, 알겠습니다."

파에톤은 태양신의 아들이라는 증거를 얻었다는 기쁨에 운명을 잘라 내는 세 번째 여신의 경고를 듣는 둥 마는 둥하고 돌아왔습니다.

*당부 말로 단단히 부탁함. 또는 그런 부탁.
*분수 자기 신분에 맞는 한도.
*화 모든 재앙.